Novena
SAN JORGE

Por Jorge León

CORAZÓN
RENOVADO

UN POCO DE HISTORIA

Jorge de Capadocia fue un soldado romano que militó bajo el imperio de Diocleciano. En esos tiempos, Diocleciano ordenó la persecución de los cristianos, poniendo a Jorge en conflicto, pues había encontrado en el cristianismo su fe. Entonces Jorge renunció a su carrera y riqueza, y enfrentó a Roma.

El emperador ordenó que se le torturara y, finalmente, Jorge murió decapitado. Así comenzó su martirio. La leyenda más conocida de San Jorge es la del dragón, en la que el caballero enfrentó a un monstruo que exigía sacrificios humanos a los pobladores de una ciudad para permitirles vivir en paz. Un día fue elegida la hija del rey como sacrificio y, cuando iba a ser devorada, fue salvada por San Jorge, quien venció al dragón. San Jorge representa la victoria del bien sobre el mal, y la fuerza de la convicción. Es representado a caballo y con el mal a sus pies, ropas militares, escudo, lanza o espada. Sus colores son una bandera blanca con una cruz roja, la Cruz de San Jorge. San Jorge es patrono en lugares como Inglaterra, Rusia, Polonia, Georgia, Cataluña y Aragón, y se pide su intercesión por protección y para vencer imposibles.

MILAGRO

Una joven y su madre abordaron un taxi. En el camino, el taxista se desvió de la ruta y se mostró amenazador. Las mujeres comenzaron a rezar. El taxista detuvo el auto e intentó violar a la joven. Repentinamente, un oficial de policía apareció montado a caballo y con gran energía y autoridad exigió al taxista acompañarlo a la estación

de policía. El taxista, temeroso, obedeció. El oficial lo escoltó hasta la estación, emitió una denuncia por intento de violación, firmó el registro y partió. Cuando el taxista salió del interrogatorio, los oficiales le dijeron: «No hay forma de escapar. ¿Sabes quién te trajo? San Jorge».

En otra ocasión, el municipio de San Jorge, en Rivas, Nicaragua, lleva su nombre a partir de la aparición de la imagen del Santo. En aquel entonces las aguas del gran lago que colinda con este pueblo comenzaron a subir, poniendo en peligro al pueblo entero.

Fue la presencia del Santo lo que detuvo su asenso. En una ocasión, la imagen de San Jorge no fue llevada al lugar donde se encontró, y las aguas volvieron a elevarse. Inmediatamente, la gente llevó al Santo a la costa y entonces las aguas regresaron a la normalidad. En reconocimiento al milagro, los habitantes erigieron una cruz en el lugar a donde el agua llegó entonces.

ORACIÓN DIARIA

Oh mártir San Jorge, justo señor protector, en nuestros tiempos de incertidumbre intercede en nuestro favor. Cobíjanos de las sombras que infunden en el alma pavura, bajo de tu santo acero la albura, hágase la luz cuando la nombras. Porque sea cual sea el mal por nosotros tu mano vela, sin distinguir de castas o casas, sino quien a tu fortaleza apela, te ruego bienaventurado bienhechor, sobre los escollos de mi camino permíteme ser vencedor.

HAGA SU PETICIÓN

Aquí estoy hincado a tus pies. Con la luz de tus quinqués que no tienen comparación alumbra a este humilde feligrés que viene a hacerte esta petición.

Te ruego con todo mi corazón me concedas... (se hace la petición)

Esto es un asunto de interés te suplico tu atención me des. Concédeme lo que te pido en esta ocasión y con tu divina protección me ayudes, para que seas tú siempre mi salvación.

Padre Nuestro, que estás en el cielo, santificado sea tu nombre; venga a nosotros tu reino; hágase tu voluntad, en la tierra como en el cielo. Danos hoy nuestro pan de cada día; perdona nuestras ofensas, como también nosotros perdonamos a los que nos ofenden; no nos dejes caer en la tentación, y líbranos

6

del mal. Amén.

Dios te salve, María, llena eres de gracia, el Señor es contigo. Bendita tú eres entre todas las mujeres, y bendito es el fruto de tu vientre: Jesús. Santa María, Madre de Dios, ruega por nosotros, pecadores, ahora y en la hora de nuestra muerte. Amén.

Gloria al Padre, al Hijo y al Espíritu Santo. Como era en el principio, ahora y siempre, por los siglos de los siglos. Amén.

PRIMER DÍA

Donde tantos otros, Santo valeroso, gobernados han sido por la duda, doblegaste al dragón con fe aguda, forzuda mano del campeón virtuoso. De esa misma manera, permítenos andar por los nuevos caminos, donde tras máscaras nuevas, se ocultan los mismos dragones antiguos. Y así con tu guía y guarda andar con paso seguro, venciendo con energía el grueso de cualquier muro.

Padre Nuestro, que estás en el cielo, santificado sea tu nombre; venga a nosotros tu reino; hágase tu voluntad, en la tierra como en el cielo. Danos hoy nuestro pan de cada día; perdona nuestras ofensas, como también nosotros perdonamos a los que nos ofenden; no nos dejes caer en la tentación, y líbranos del mal. Amén.

Dios te salve, María, llena eres de gracia, el Señor es contigo. Bendita tú eres entre todas las mujeres, y bendito es el fruto de tu vientre: Jesús. Santa María, Madre de Dios, ruega por nosotros, pecadores, ahora y en la hora de nuestra muerte. Amén.

Gloria al Padre, al Hijo y al Espíritu Santo. Como era en el principio, ahora y siempre, por los siglos de los siglos. Amén.

SEGUNDO DÍA

Donde tantos otros, bendito campeón, gobernados han sido por la duda, auspíciame con determinación pura para el buen asenso en mi profesión. Que durante toda la jornada mis manos cuenten con tu guía para encontrar el éxito en el trabajo, sea de noche o sea de día. Que mi mano no se canse y que mi aliento no se agote, que como tu fuerza al mal antiguo, a cada reto lo derrote.

Padre Nuestro, que estás en el cielo, santificado sea tu nombre; venga a nosotros tu reino; hágase tu voluntad, en la tierra como en el cielo. Danos hoy nuestro pan de cada día; perdona nuestras ofensas, como también nosotros perdonamos a los que nos ofenden; no nos dejes caer en la tentación, y líbranos del mal. Amén.

Dios te salve, María, llena eres de gracia, el Señor es contigo. Bendita tú eres entre todas las mujeres, y bendito es el fruto de tu vientre: Jesús. Santa María, Madre de Dios, ruega por nosotros, pecadores, ahora y en la hora de nuestra muerte. Amén.

Gloria al Padre, al Hijo y al Espíritu Santo. Como era en el principio, ahora y siempre, por los siglos de los siglos. Amén.

TERCER DÍA

Donde tantos otros, Santo valeroso, gobernados han sido por la duda, permíteme vencer mis temores brindándome una sólida bravura. Que no me petrifique el miedo cuando camine por la calle, que pueda encontrar el sosiego, que la paz no me falle. Porque el miedo envenena el alma, porque nos llena de ansiedad, permíteme vivir en calma por medio de tu verdad, verdad de tu grande temple que ilumine mi oscuridad.

Padre Nuestro, que estás en el cielo, santificado sea tu nombre; venga a nosotros tu reino; hágase tu voluntad, en la tierra como en el cielo. Danos hoy nuestro pan de cada día; perdona nuestras ofensas, como también nosotros perdonamos a los que nos ofenden; no nos dejes caer en la tentación, y líbranos

del mal. Amén.

Dios te salve, María, llena eres de gracia, el Señor es contigo. Bendita tú eres entre todas las mujeres, y bendito es el fruto de tu vientre: Jesús. Santa María, Madre de Dios, ruega por nosotros, pecadores, ahora y en la hora de nuestra muerte. Amén.

Gloria al Padre, al Hijo y al Espíritu Santo. Como era en el principio, ahora y siempre, por los siglos de los siglos. Amén.

CUARTO DÍA

Dame corazón, San Jorge, para cargar cualquier pena, ya sean las propias pero también las ajenas. Porque el dolor de mi familia, es también dolor mío, mas mi amor más los protege si lo acompaño de buen brío. Brío para protegerlos y aun mayor para entonarles, que por siempre he de quererlos y jamás he de dejarles. Y aunque todos sus pesares lleve en mi sola espalda, al amparo de tu gracia no veré imposible carga.

Padre Nuestro, que estás en el cielo, santificado sea tu nombre; venga a nosotros tu reino; hágase tu voluntad, en la tierra como en el cielo. Danos hoy nuestro pan de cada día; perdona nuestras ofensas, como también nosotros perdonamos a los que nos ofenden; no nos dejes caer en la tentación, y líbranos

del mal. Amén.

Dios te salve, María, llena eres de gracia, el Señor es contigo. Bendita tú eres entre todas las mujeres, y bendito es el fruto de tu vientre: Jesús. Santa María, Madre de Dios, ruega por nosotros, pecadores, ahora y en la hora de nuestra muerte. Amén.

Gloria al Padre, al Hijo y al Espíritu Santo. Como era en el principio, ahora y siempre, por los siglos de los siglos. Amén.

QUINTO DÍA

Dame corazón, San Jorge, para superar la enfermedad, pues no hay medicamento como una férrea voluntad. Que ante cualquier dolencia en mi cuerpo tu asistencia me brinde la calma, y que también abrigue mi alma fortaleciéndola en todo momento. Por eso me encomiendo a tu aliento, para vencer las agonías y dolores que me acongojen en cualquier padecimiento, así como el mal que los provoque; pues aunque la salud no se compra. Puedo alimentarla día a día, no solo de buenos hábitos sino de perseverancia y valentía.

Padre Nuestro, que estás en el cielo, santificado sea tu nombre; venga a nosotros tu reino; hágase tu voluntad, en la tierra como en el cielo. Danos hoy nuestro pan de cada día; perdona nuestras ofensas,

16

como también nosotros perdonamos a los que nos ofenden; no nos dejes caer en la tentación, y líbranos del mal. Amén.

Dios te salve, María, llena eres de gracia, el Señor es contigo. Bendita tú eres entre todas las mujeres, y bendito es el fruto de tu vientre: Jesús. Santa María, Madre de Dios, ruega por nosotros, pecadores, ahora y en la hora de nuestra muerte. Amén.

Gloria al Padre, al Hijo y al Espíritu Santo. Como era en el principio, ahora y siempre, por los siglos de los siglos. Amén.

Dame corazón, San Jorge, para salvar la tentación por tantas cosas que destellan, pero que nublan la justa razón. Que por la riqueza material no crezca en mí codicia, y sobre las cosas que poseo no forme ninguna avaricia. Y ante los bienes que son ajenos, que no forme envidia alguna, que no anhele lo que no es mío, así sea el sol así sea la luna.

Padre Nuestro, que estás en el cielo, santificado sea tu nombre; venga a nosotros tu reino; hágase tu voluntad, en la tierra como en el cielo. Danos hoy nuestro pan de cada día; perdona nuestras ofensas, como también nosotros perdonamos a los que nos ofenden; no nos dejes caer en la tentación, y líbranos del mal. Amén.

Dios te salve, María, llena eres de gracia, el Señor es contigo. Bendita tú eres entre todas las mujeres, y bendito es el fruto de tu vientre: Jesús. Santa María, Madre de Dios, ruega por nosotros, pecadores, ahora y en la hora de nuestra muerte. Amén.

Gloria al Padre, al Hijo y al Espíritu Santo. Como era en el principio, ahora y siempre, por los siglos de los siglos. Amén.

SÉPTIMO DÍA

San Jorge bendito, me encomiendo a tu fortaleza para leer la mentira en las palabras que engañan con agudeza. Porque hay en el mundo quien intenta embelesarnos con exquisitos rumbos y de nuestro camino alejarnos. Que pueda seguir con firmeza por la ruta que me he de trazar, caminando sin volver la cabeza hacia aquel que pretende engañar, pues aunque la fe es un don, de inocente se puede pecar.

Padre Nuestro, que estás en el cielo, santificado sea tu nombre; venga a nosotros tu reino; hágase tu voluntad, en la tierra como en el cielo. Danos hoy nuestro pan de cada día; perdona nuestras ofensas, como también nosotros perdonamos a los que nos ofenden; no nos dejes caer en la tentación, y líbranos del mal. Amén.

Dios te salve, María, llena eres de gracia, el Señor es contigo. Bendita tú eres entre todas las mujeres, y bendito es el fruto de tu vientre: Jesús. Santa María, Madre de Dios, ruega por nosotros, pecadores, ahora y en la hora de nuestra muerte. Amén.

Gloria al Padre, al Hijo y al Espíritu Santo. Como era en el principio, ahora y siempre, por los siglos de los siglos. Amén.

OCTAVO DÍA

San Jorge bendito, me encomiendo a tu fortaleza, para alcanzar la cima de esta alta empresa. No me dejes derrumbarme en medio del camino, aunque pueda sofocarme lo lejano del destino. Pues importante es en mi vida esta meta que me he puesto, pero debo estar dispuesto ante cualquier acometida que pudiera derribarme, levantarme tras la caída.

Padre Nuestro, que estás en el cielo, santificado sea tu nombre; venga a nosotros tu reino; hágase tu voluntad, en la tierra como en el cielo. Danos hoy nuestro pan de cada día; perdona nuestras ofensas, como también nosotros perdonamos a los que nos ofenden; no nos dejes caer en la tentación, y líbranos del mal. Amén.

Dios te salve, María, llena eres de gracia, el Señor es contigo. Bendita tú eres entre todas las mujeres, y bendito es el fruto de tu vientre: Jesús. Santa María, Madre de Dios, ruega por nosotros, pecadores, ahora y en la hora de nuestra muerte. Amén.

Gloria al Padre, al Hijo y al Espíritu Santo. Como era en el principio, ahora y siempre, por los siglos de los siglos. Amén.

NOVENO DÍA

San Jorge bendito, me encomiendo a tu fortaleza, para dominar a los vicios que sobre de mi voluntad pesan. Esas malas costumbres que deterioran mi ascenso hacia una mejor vida hacia un mayor progreso, permíteme limpiarlas por un nuevo comienzo. Y al ultraje propio de la oscura adicción, ayúdame a apartarlo en cualquier ocasión, mas si se hubiese en mí sembrado, procúrame tu acero para su pronta expulsión.

Padre Nuestro, que estás en el cielo, santificado sea tu nombre; venga a nosotros tu reino; hágase tu voluntad, en la tierra como en el cielo. Danos hoy nuestro pan de cada día; perdona nuestras ofensas, como también nosotros perdonamos a los que nos ofenden; no nos dejes caer en la tentación, y líbranos

del mal. Amén.

Dios te salve, María, lle-na eres de gracia, el Señor es contigo. Bendita tú eres entre todas las mujeres, y bendito es el fruto de tu vientre: Jesús. Santa María, Madre de Dios, ruega por nosotros, pecadores, ahora y en la hora de nuestra muerte. Amén.

Gloria al Padre, al Hijo y al Espíritu Santo. Como era en el principio, ahora y siempre, por los siglos de los siglos. Amén.

ORACIÓN FINAL

Oh mártir San Jorge, justo y bendito campeón, permíteme vencer imposibles como tú derrotaste al dragón. En todas las ocasiones donde parezca absurdo llegar, domina aquellas razones que no me permiten lograr. Y en los momentos cruciales en donde me dejen las fuerzas, con tus virtudes capitales inspírame la entereza que a todos los imposibles bajo su nombre los venza.

Padre Nuestro, que estás en el cielo, santificado sea tu nombre; venga a nosotros tu reino; hágase tu voluntad, en la tierra como en el cielo. Danos hoy nuestro pan de cada día; perdona nuestras ofensas, como también nosotros perdonamos a los que nos ofenden; no nos dejes caer en la tentación, y líbranos del mal. Amén.

Dios te salve, María, llena eres de gracia, el Señor es contigo. Bendita tú eres entre todas las mujeres, y bendito es el fruto de tu vientre: Jesús. Santa María, Madre de Dios, ruega por nosotros, pecadores, ahora y en la hora de nuestra muerte. Amén.

Gloria al Padre, al Hijo y al Espíritu Santo. Como era en el principio, ahora y siempre, por los siglos de los siglos. Amén.

Papá Dios: que tu sabiduría nos guíe; que tu luz ilumine nuestro camino; que tu amor nos de paz; que tu poder nos proteja, y que por donde quiera que caminemos, tu presencia nos acompañe. Gracias Papá Dios que ya nos oíste. Amén.

www.ingramcontent.com/pod-product-compliance
Lightning Source LLC
Chambersburg PA
CBHW070635150426
42811CB00050B/311